L'Algérie proteste

Symbolique et mise en scène du pouvoir local dans

la contestation nationale

En l'état actuel des choses en Algérie, et compte tenu des campagnes de manipulation du régime et de ses « mouches »[1], on ignore encore si la très grande vague de protestation qui s'est déclenchée le 22 février 2019 sera bénéfique et satisfera les revendications du peuple algérien. Mais une chose est sûre, ces évènements sont une aubaine pour les chercheurs. Si nous comparons la période qui précède le 22 février à celle qui suit, nous constatons deux grands changements. Le premier est l'éclatement du fragile équilibre qui s'était construit autour de la personne de Bouteflika, où tous les centres du pouvoir avaient trouvé leur intérêt dans un cercle opaque dans lequel ni les journalistes ni les chercheurs ne pouvaient pénétrer. Nous n'avions droit qu'à des

---

[1] Surnom donné par les manifestants aux milliers de comptes fictifs créés par le régime en vue de consolider sa présence sur le net et de mener une contrerévolution.

spéculations et analyses approximatives sur ces vrais centres du pouvoir en Algérie.

Le deuxième changement consécutif au 22 février est que les langues se sont déliées. La prise de parole est devenue très accessible à tous, que ce soit dans la rue, les établissements de l'État ou surtout les universités. En cinq ans de terrain en Algérie, je n'avais jamais connu une aussi grande facilité à interviewer des gens dans la rue ou des collègues universitaires. Désormais il suffit de tendre la perche et de mettre l'objectif de la caméra pour que les personnes racontent tout ce qu'elles ont dû enfouir pendant toutes ces années. Le soulagement est visible sur leur visage. Mais on aurait tort de s'emporter, au risque de produire des déductions hâtives et des analyses partielles.

Depuis le déclenchement des protestations, le 22 février, on a maintes fois entendu le discours d'une Algérie qui se réveillerait d'une longue torpeur. Ces protestations relèveraient d'une radicale nouveauté et ces discours parlent le plus souvent d'une Algérie qui paraissait jusqu'alors figée à jamais et ne citent que Bouteflika, ou le demi-mort, et les militaires vieillissants. Telle est l'image de l'Algérie telle qu'on la perçoit de loin, de l'extérieur. Mais qu'en est-il de la vraie Algérie, celle que vit le peuple algérien tous les jours de l'intérieur ? Quels sont les vrais centres du pouvoir ? Et quels sont leurs réseaux d'influence à l'échelle locale ? Quel est le degré de mobilisation de la population autour de ces réseaux d'influence locaux et régionaux et comment ces derniers utilisent-ils leur influence pour négocier des rôles et des statuts à l'échelle nationale, directement avec la présidence et l'armée ? Comment tous ces acteurs qui jadis participaient à la gestion de la politique et de l'économie du pays se sont retrouvés en confrontation ?

Enfin, comment cette confrontation entre les réseaux d'influence locaux et nationaux est-elle mise en scène dans le cadre de la contestation nationale ?

Les *zewwaf* : histoire d'un terme polysémique et très politique

Si nous parvenons à identifier les différents réseaux d'influence qui s'activent sur le terrain algérien et à comprendre leur fonctionnement, nous comprendrons que le pouvoir algérien, incarné en la personne du président et de son entourage d'un côté et de l'armée de l'autre, n'est qu'un habillage destiné aux médias. C'est un arbre qui cache la vaste forêt des vrais réseaux d'influence implantés partout en Algérie.

Il nous faudrait plus qu'un article de livre pour exposer ce travail d'enquête et d'analyse. Nous nous concentrerons ici sur une seule région, qui abrite un très puissant réseau d'influence et suscite beaucoup de débat en ce moment, la Kabylie. Certaines parties opposées au réseau de Kabylie emploieraient l'expression de région des *zewwaf.*

Avant le 22 février, le terme *zewwaf* désignait en effet les partisans du Mouvement pour l'Autodétermination de la Kabylie (MAK). Fondé par le chanteur et militant Ferhat Mehenni[2], ce mouvement appelle à l'indépendance de la Kabylie. Après le 22 février le discours a évolué ; désormais l'expression désigne tous les opposants au régime. L'une des initiatrices de ce surnom est Naima Salhi, réputée très proche du réseau panarabiste. Elle serait alliée au clan panarabiste de l'armée algérienne, très orienté vers les monarchies du golfe et représenté par le général Gaïd Salah.

L'emploi ici du mot arabe *zewwaf* m'oblige à expliquer d'emblée ce terme, à designer ce

---

[2] Mehenni Ferhat, *Kabylie : Mémorandum pour l'indépendance de la Kabylie*, Paris, Fauves, 2017

qu'il cible et qui l'utilise. Nous allons donc dénicher deux protagonistes très présents sur le terrain et sur les réseaux sociaux depuis le 22 février 2019. La partie alliée du régime militaire d'une part et la partie alliée de la contestation populaire. La première partie tente de donner à ce mouvement une dimension régionaliste en le traitant de *zewwaf,* afin de lui enlever sa dimension nationale et puis l'accuser de vouloir diviser le pays comme cela s'est déjà produit plusieurs fois dans l'histoire.

Qui sont donc ces *zewwaf* ? Et sont-ils tous d'accord entre eux ? Ont-ils un projet commun ? Pour mieux comprendre, nous parlerons de l'autorité et du pouvoir au sein des villages kabyles. Par qui sont-ils exercés ? Et sous quelle forme ?

Tout d'abord il faut évidemment rappeler la différence entre l'autorité et le pouvoir.

L'autorité au sens d'Anna Arendt[3] ne fait pas appel aux moyens de la coercition et à la violence physique. C'est l'exercice consensuel du travail de représentation ou de gouvernance d'un groupe, tandis que le pouvoir — ou *soulta*[4] en arabe — inclut l'usage de la coercition dans le travail de représentation ou de gouvernance d'un groupe.

Et c'est ce qui différencie l'autorité kabyle, incarnée par les comités de village, du pouvoir local kabyle, incarné par le réseau d'influence kabyle issu de la dissolution du pouvoir des zaouïas après l'indépendance. On sait en effet que les zaouïas de la Rahmaniyya en Kabylie jouèrent un rôle central dans les révoltes contre l'armée

---

[3] Arendt Hannah, *Qu'est-ce que l'autorité ?* in La crise de la culture (trad. P. Lévy), Paris, Gallimard, 1972

[4] Laurens Henry, « Les palestiniens : l'autorité sans l'Etat », in Compagnon Antoine, *De l'autorité : colloque annuel du Collège de France*, Paris, Odile Jacob, 2008, pp. 61-76.

française entre 1830 et 1871[5] en tant que force armée puis comme réseau d'influence au sein de l'Armée de Libération Nationale.

Après l'indépendance ce réseau soutenait le gouvernement provisoire algérien, avec à sa tête Benyoucef Ben-Khedda. La spoliation du pouvoir par l'armée des frontières, avec à sa tête Boumediene et son dauphin Bouteflika, poussa ce réseau à la révolte armée menée par Hocine Aït-Ahmed à la révolte armée en 1955[6] un an après la proclamation officielle de l'indépendance. Le pouvoir de l'armée des frontières, appelé le groupe de Oujda, se trouva donc confronté au pouvoir militaire (ou du moins à ce qu'il en restait après sept années de guerre contre l'armée française). Le rapport de force était donc en sa faveur. Le groupe d'Aït-Ahmed et ses compagnons d'arme se

---

[5] Bernard Droz, « Insurrection de 1871: la révolte de Mokrani », dans Jeannine Verdès-Leroux (dir.), *L'Algérie et la France*, Paris, Robert Laffont, 2009
[6] Ali Haroun, *L'été de la discorde, Algérie*, Casbah éditions, Alger, 2000
Ferhat Abbas, l'Indépendance confisquée : 1962-1978, Paris, Flammarion, 1992

résolut donc aux négociations. Le principal argument du régime contre cette dissidence fut celui du séparatisme et de la division du pays. Les dissidents furent accusés de vouloir diviser le pays et leur chef historique fut contraint à l'exile sous la menace de peine de mort. Le pouvoir des zaouïas fut encore une fois vaincu par l'armée des frontières, unique héritière du pouvoir reçu des mains des autorités coloniales françaises[7]. Tous les présidents successifs du régime seront choisis par ce réseau Oujda devenu très puissant en s'alliant à d'autres groupes de zaouïas d'autres régions d'Algérie au nom de l'islam et du panarabisme. Le réseau de Oujda avec Ben Bella et Boumediene à sa tête, qui s'est porté garant des composantes arabes et musulmanes de la société algérienne au dépend de la langue et de l'identité amazighes. Pour gagner la sympathie des

---

[7] Ibid
Gilbert Meynier, *Histoire intérieure du FLN 1954-1962*, Fayard, 2002

réseaux des zaouïas des autres régions d'Algérie, Boumediene dû réprimer violement la population kabyle durant tout son règne. Il était allé jusqu'à interdire de parler kabyle à Alger.

Aujourd'hui nous assistons à la résurrection des vieux réflexes du régime avec l'emprisonnement des personnes qui portent un drapeau amazigh, ou même un simple t-shirt de l'équipe de football kabyle (la Jeunesse Sportive de Kabylie).

Le réseau des zaouïas de Kabylie est resté cloitré en Kabylie durant tout le règne de Ben Bella et de Boumediene. Son point fort était le taux d'alphabétisation élevé de ses enfants au lendemain de l'indépendance. Ceux-ci ont étudié dans ses écoles coraniques et dans les écoles françaises. Avant 1830 et durant la période coloniale, les écoles coraniques étaient d'ailleurs sous l'emprise de ce réseau des zaouïas. Il est donc normal qu'un fort taux d'alphabétisation des enfants de ce réseau ait été observé après l'indépendance. Les jeunes cadres du réseau des zaouïas ont donc investi massivement les administrations locales et nationales.

Ce réseau s'adaptera au nouveau régime à travers sa forte présence au sein de l'administration, malgré l'exile de son chef et la répression dont il fera l'objet durant la période de Ben Bella et Boumediene.

Évolutions des acteurs et des alliances politiques en Algérie sous l'ère Bouteflika

Profitant de la loi de 1988 autorisant le multipartisme, ce réseau reçut l'accréditation de l'État via son parti politique, le Front des Forces Socialistes (FFS). Par la suite, des membres de ce parti se détachèrent pour fonder le deuxième parti, le Rassemblement pour la Culture et la Démocratie (RCD). Le fondateur du RCD, Saïd Sadi, est un ancien membre du FFS. Ce sont les deux partis politiques dont le quartier général est en Kabylie depuis les années 1990, et qui sont issus du réseau.

Il a fallu l'arrivée de Bouteflika en 1999 pour qu'une alliance soit conclue entre le réseau des zaouïas de Kabylie et le pouvoir central, dans l'optique de combattre l'islam radical au nom de l'islam algérien, c'est-à-dire l'islam soufi prôné par la tarîqa Rahmaniyya du réseau des zaouïas de Kabylie. Pour caractériser cette alliance des deux partis politiques de Kabylie, ceux-ci furent invités à présenter des candidats pour le gouvernement de Bouteflika. La ligne de conduite de Bouteflika était de réconcilier tous les réseaux d'influence en Algérie, y compris les ennemis traditionnels du clan d'Oujda comme le réseau de Kabylie.

Trois acteurs sociopolitiques n'ont pas adhéré au nouveau système de Bouteflika. Il s'agit en premier lieu de l'ancien Front Islamique du Salut (FIS), avec à sa tête Ali

Belhadj et Abbas el Madani, auquel on peut associer le mouvement Rachad qui en est très proche. Le deuxième est le Mouvement pour l'Autodétermination de la Kabylie (MAK). Le troisième ne forme pas un corps uni mais un ensemble d'acteurs issus de la même région. Il s'agit des comités de village kabyles. Ces trois acteurs sont restés loin du nouvel échiquier politique de Bouteflika.

Quant aux autres acteurs, chacun a trouvé son intérêt politique ou économique même si tous les réseaux d'influence réunis par Bouteflika ne s'entendent pas, ils se disputent par médias interposés. Ces tensions ne nuisaient pas au système de Bouteflika, au contraire, en l'absence de grand dérapage, elles permettaient au clan Bouteflika de garder le statut de modérateur.

Les centres de pouvoirs sont nombreux et parfois opaques. Notre enquête ne nous permet à ce jour que de parler de deux acteurs, le réseau traditionaliste kabyle héritier du pouvoir d'influence des zaouïas et les comités de village qui demeurent l'unique vraie autorité locale en Kabyle. Les premiers ont une action au niveau international alors que les seconds n'opèrent qu'à l'échelle de leur territoire villageois. L'importance de ces deux acteurs dans ce qui se passe actuellement a conduit les alliés des généraux à les cibler comme ennemis principaux, d'où l'usage récurrent du terme *zewwaf* dans langage des défenseurs du régime.

Déterminer qui utilise ce terme *zewwaf* nous permettra dès lors d'identifier quelques acteurs et centres de décision locaux en Algérie. Un autre travail sur les différents centres de décision grâce auxquels le pouvoir algérien a créé et entretenu son système jusqu'aux contestations du 22 février 2019 devra compléter la présente étude.

Nous ne nous attarderons pas sur la traduction du terme *zewwaf* par zouave, puisque nous savons que son utilisation par une partie contre une autre est inappropriée. Les archives et les travaux en histoire confirment en effet que les zouaves n'avaient aucune connotation régionale et que les troupes de ce corps étaient recrutées dans les régions arabophones, davantage qu'en Kabylie. Cela n'exclut pas qu'il ait pu y avoir des Kabyles parmi ces soldats, mais le plus important est de comprendre les raisons de l'utilisation de ce terme et puis son rejet. Il existe sans doute un enjeu qui se cache derrière le choix de ce terme.

Kabylie : autorité et pouvoirs en action

On sait que le réseau traditionnaliste kabyle, très présent dans l'administration algérienne, participe activement à la mobilisation du Hirak. La plupart des figures de ce mouvement de protestation sont issues de ce réseau (Bouchachi, Tabou), la plupart étant d'anciens membres du FFS. Ce mouvement prend ainsi source dans un réseau très ancré en Kabylie, ce qui explique que les alliés du régime des généraux se soient attaqués aux Kabyles en général, les traitant de *zewwaf*, même si le mouvement couvre toutes les régions du pays. Tout comme en 1955, la révolte contre le régime d'Oujda prend source dans le réseau traditionnaliste kabyle. Et si les alliés du régime ciblent ce réseau alors que la contestation ne se concentre pas seulement en Kabylie, c'est que les généraux sont conscients du vaste réseau national que le mouvement kabyle a tissé depuis des années. C'est pour la même raison que le général Gaïd Salah désigne ce réseau comme étant « l'Algérie Profonde ». La dernière alliance que ce réseau traditionaliste kabyle a nouée fut avec le mouvement. Installé en Angleterre, Rachad détient la chaine Al Magharibia. C'est un mouvement très actif sur les réseaux sociaux. Des figures telles que l'ancien attaché diplomatique Larbi Zitout et Boukhors Amir alias Amir DZ sont des visages de ce mouvement sur les réseaux sociaux. Ces derniers semblent bien renseignés sur les coulisses du régime, notamment sur la fortune et la vie privée de ses membres. Or ce sont là des informations auxquelles les Algériens ne peuvent accéder dans aucun média national, ce qui a donné une grande notoriété à ces figures médiatiques du mouvement Rachad. Cette alliance a donc donné une force aux deux réseaux.

Nous sommes ainsi en présence d'une alliance du réseau traditionaliste kabyle et du mouvement Rachad contre le régime des généraux algériens soutenu par différents réseaux traditionalistes des autres régions du pays, et nommant l'organisation des zaouïas qui gardent la main mise sur de nombreuses zaouïas du pays.

Bien que le réseau traditionnaliste kabyle devienne de plus en plus puissant à l'échelle nationale, son implantation en Kabylie reste fragile, notamment depuis les évènements du Printemps Noir de 2001. Ce réseau a été accusé d'avoir collaboré avec le système Bouteflika au détriment de la Kabylie qui resta très opposée à l'arrivée de celui-ci au pouvoir. La ligue constituée par les villages kabyles pour faire face à la tuerie de 2001 a été infiltrée par des éléments qui l'auraient cassée de l'intérieur. Les premiers soupçonnés sont les militants de ce réseau traditionnaliste. C'est à partir de là qu'est né le Mouvement pour l'Autonomie de la Kabylie, qui deviendra le Mouvement pour l'Indépendance de la Kabylie, en réponse à l'inefficacité et à la trahison des partis politiques issus du réseau traditionnaliste kabyle, le RCD et le FFS. Le MAK, qui accuse ce réseau de vouloir arabiser et islamiser la Kabylie et d'avoir collaboré avec le système Bouteflika, ne cesse de mobiliser à sa cause au détriment dudit réseau. Mais lala majorité écrasante de la population kabyle échappe à ces deux acteurs locaux et se contente d'une représentation dans les frontières du village, au sein du comité de village. Ce dernier se définit à son tour comme une autorité locale qui ne se mêle pas du pouvoir ni de la politique extramuros. Le comité se contente de gérer les affaires du village et ne cautionne aucun mouvement ni réseau. Toute affiliation politique est exclue. Bien évidemment les villageois ou les membres du comité sont libres d'exercice de la politique à l'extérieur du village mais une fois dans le village chacun oublie son orientation politique. Le comité de village semble rester à l'écart de ce qui se passe chaque vendredi et préfère mener sa révolution à sa manière, c'est-à-dire à travers des projets de développement très loin de la politique. Sans doute cette position est-elle une conséquence de la grande frustration que les comités ont connue en 2001 suite à l'échec de la Coordination Citoyenne Kabyle.

Il est ainsi rare de voir les comités de village se préoccuper de politique en dehors des villages. Les seules fois où cela arrive, c'est dans le cadre d'une ligue de tous ces villages face à un danger imminent, comme au temps de la colonisation française, entre 1830 et 1890, ou en 2001.

Il convient dès lors d'observer ici le fonctionnement de cette autorité très ancienne et bien préservée pour comprendre en quoi elle peut présenter un danger très préoccupant pour le régime des généraux.

L'exercice de l'autorité au sein de la société kabyle incombe aux représentants issus de la population elle-même. Quant au pouvoir et la coercition, notamment de l'armée, ils sont exercés par une puissance étrangère. Le système sociopolitique de la société kabyle et des sociétés amazighes en général est basé sur l'exercice de la représentation, qui lui-même respecte les règles de la non-coercition. Ce système ne peut permettre l'existence d'une force de coercition comme une armée ou une police.

Le manque de visées politiques et des parties qui tendent à créer un pouvoir politico-militaire parmi les comités de village a empêché l'avènement d'un État unifié dans cette région. Ce sont donc des États ou des groupes étrangers qui assument cette tâche de créer un pouvoir coercitif qui permette l'existence d'un État à l'échelle régionale, avec lequel cohabiteraient toutes ces autorités autochtones locales à travers un contrat social instauré par la force de l'épée l'échange de bons procédés ou un intérêt mutuel. Incapables d'instaurer un pouvoir coercitif fort, les autorités locales délèguent ce travail à un pouvoir étranger qui s'installe dans les endroits stratégiques comme les villes portuaires et les grandes métropoles, c'est-à-dire loin des villages qui sont le fief de l'autorité locale.

On constate ainsi qu'il existe non pas un État algérien, mais plusieurs micros États souverains sur leurs territoires respectifs. Ceux-ci se résument généralement au territoire de villages-États ou de confédérations de villages, dépourvus d'une armée ou d'une force coercitive, mais qui s'imbriquent au sein d'un méga-État doté de la force et dépourvu d'autorité démocratique. Ce méga-État capable de repousser les invasions et d'assurer la sécurité des micros-États n'est toléré par ces derniers qu'à condition de ne pas toucher à leur liberté. Ces structures sociopolitiques mises en place depuis des siècles par cette société amazighe sont en effet très attachées, presque religieusement, à leur liberté.

L'ingéniosité de ce système sociopolitique a permis à ces sociétés nord-africaines de conserver l'un des modes d'exercice de l'autorité les plus anciens au monde. Il s'apparente, avec des variances socioculturelles et géographiques à ceux des cités-États italiennes ou grecques, voire de tout le pourtour méditerranéen avant l'avènement des États unifiés.

En Afrique du Nord ce sont donc ces pouvoirs coercitifs qui changent au fil des siècles, les autorités locales se contentant de s'adapter à chaque nouveau régime, même si elles s'occupent parfois de chasser les pouvoirs trop liberticides en s'unifiant temporairement sous forme d'une confédération appelée *thaqvaïlith* en langue kabyle, *el qabaïl* en arabe ou *Kabylie* en français. À défaut d'avoir un nom d'État ou de royaume permanent, ces autorités sont donc connues et désignées par ce que les caractérise le plus, c'est-à-dire le nom de leur État temporaire.

Jamais un pouvoir coercitif n'a pu s'adapter à la culture et à l'identité kabyle comme l'a fait le pouvoir des zaouïas. Les communautés marabout, sharif et morisque venues s'installer en

Kabylie ce sont totalement fondues dans la société kabyle tout en gardant leur dimension arabophone, orientale et musulmane. Ceci dit, jusqu'à une date très tardive un kabyle autochtone ne pouvait se marier avec une fille issue de ces communautés.

Le réseau des zaouïas mis en place par ces trois communautés qu'on identifie sous le nom de *Marabout Imravdhen* en kabyle depuis le XIIe siècle devint par la suite un réseau de pouvoir et de gouvernance. La zaouïa n'en est pas restée à son statut religieux initial des siècles premiers c'est-à-dire du XIIIe au XVIIe mais elle est devenue un vrai centre administratif où la population vient s'instruire, se marier, divorcer et régler les litiges chez le qadi. Ce réseau des zaouïas est donc devenu une vraie autorité locale entre les XIIIe et XVIIe siècles. La population locale la craint et se soumet à ses règles comme à un saint patron. D'une part la population a peur qu'il l'atteigne par l'une de ses malédictions. D'autre part, la sagesse reconnue au cheikh et son instruction en matière de langue et de science juridique musulmane lui procurent une stature de chef local, d'autant plus qu'il a généralement une situation financière très confortable par les dons qu'il reçoit en argent, en terre et en vivres. Avec l'installation de la régence d'Alger à partir de 1515 la majorité de ces cheikhs exercèrent de plus en plus un travail d'intermédiation entre la population et les Ottomans d'Alger puis par la suite l'administration coloniale à partir de 1830. On les appelait les *Bachaghas*. Ce travail d'intermédiation était également une source d'enrichissement et de privilèges de la part du pouvoir d'Alger.

L'arrivée de l'armée coloniale a provoqué une évolution majeure de cette autorité. Sous les Ottomans, ces Cheikhs faisaient office d'autorité sans pouvoir de coercition, sauf pour de rares Bachaghas qui exerçaient aussi un rôle politique et de chef militaire. L'arrivée de l'armée française poussa les chefs de la Tarîqa Rahmaniyya à faire usage de la force et à devenir de ce fait des pouvoirs locaux. Après leur défaite, ces autorités devenues des pouvoirs locaux par la force du temps disparurent et laissèrent la place à la *tajma't* qui, elle, n'avait pas subi cette évolution puisqu'aucune d'entre elles n'a recours à la force. Pour affronter l'armée française les *tajma't* ont formé une ligue qui s'occuperait des affaires de la guerre. La défaite contre l'armée française n'a causé que sa disparition de la ligue et non la disparition de toutes les *tajma't*. Ces dernières n'ont jamais exercé un travail coercitif.

À chaque fois qu'il s'agit de mener la guerre ou une bataille, les *tajma't* forment une ligue qui s'en occupe puis est dissoute à la fin du conflit.

Longtemps on a cru que le pouvoir des zaouïas avait disparu après l'échec de leurs révoltes successives, dont la dernière et plus importante fut celle de 1871. Or, même si physiquement et matériellement ces zaouïas révoltées furent décimées par les autorités françaises il n'en demeure pas moins que leur réseau d'influence resta intact et qu'il s'est plutôt renforcé avec le temps. Cependant ces zaouïas ne sont plus les réseaux d'influence qu'ils étaient avant les révoltes. Après l'indépendance, ce sont les enfants qui avaient étudié dans ces zaouïas issues du réseau qui ont investi l'administration d'État en masse, les autres n'ayant pas suffisamment de moyens et devant pour la plupart rester aider leur famille aux champs. C'est donc à travers un réseau d'influence dans les administrations de l'État et à travers les deux principaux partis de la région, le RCD et le FFS, que le réseau des zaouïas a redéployé son pouvoir symbolique.

L'histoire de ces deux partis montre clairement la conversion de ce pouvoir traditionnel des zaouïas en mouvements politique. En 1955 Hocine Aït-Ahmed, petit-fils du principal saint et représentant de la Tarîqa Rahmaniyya contemporaine, Cheikh

Mohand Oulhocine, organisa une révolte armée contre le clan d'Oujda qui prit le pouvoir par la force. Par la suite, ce mouvement de révolutionnaires s'est transformé en un parti politique d'opposition dont sera issu le deuxième parti politique, le RCD[8].

Il faut attendre les évènements du Printemps Noir de 2001 pour voir germer l'idée d'un autre parti politique kabyle séparatiste fondé par Ferhat

Mhenni. Le principal reproche de ce parti aux partis traditionnels c'est leur orientation arabo-islamiste, une manière de dénoncer la mainmise du réseau des zaouïas sur le FFS et le RCD.

Il y a donc de rares occasions qui fédèrent toute la région de la Kabylie notamment depuis l'avènement du

---

[8] Salhi Mohamed Brahim, « Modernisation et retraditionalisation à travers les champs associatif et politique : le cas de la Kabylie », *Insaniyat*, n° 8, 21-42, 1999

MAK. La mobilisation citoyenne kabyle sous le règne de Bouteflika fut divisée, avec d'une part plusieurs petits partis — RCD, FFS, RND, FLN, MSP, MPA — qui prônaient la voie de la continuité et de la négociation avec le pouvoir central d'Alger et d'autres part le MAK qui prônait la rupture avec le système. Mais en soi cette division arrangeait le pouvoir d'Alger, d'où sa passivité vis-à-vis du MAK. La preuve en est que toutes les mobilisations venues après 2001 ont été vouées à l'échec.

Si la Kabylie est le catalyseur des contestations en Algérie, le même scénario se reproduit dans les autres régions : la police intervient, arrête les principaux instigateurs et les relâche le soir ou parfois leur inflige une peine d'emprisonnement de quelques mois.

Pourquoi le 22 février 2019 et comment s'est-il produit ?

« *Nous sortons pour sauver notre honneur aux yeux des autres peuples qui nous regardent* » nous dit Ali, un sexagénaire rencontré au tout début du Hirak. Pour quoi sauver l'honneur ? Quelle place occupe l'honneur dans cette mobilisation et quelles sont les actions symboliques des mobilisés pour le sauver ?

La société algérienne est fondée sur le principe de *lherma* c'est-à-dire la dignité ou la souveraineté de la personne, d'une maison ou toute un village ou une région. Violer *lherma* d'une personne ou d'un groupe de personnes c'est leur enlever leur dignité et leur honneur. L'Algérien est d'ailleurs connu pour sa fierté excessive, qui aurait une explication sociologique et anthropologique, tout comme cette mobilisation soudaine peut trouver son explication dans la dimension sociologique et anthropologique. Pierre

Bourdieu est le premier à parler de l'importance de l'honneur dans les interactions sociales chez les Kabyles mais son analyse peut être transposée ici à l'ensemble de la population algérienne. L'honneur est le seul capital qui permette à un individu d'interagir avec son environnement et de jouer un rôle au sein de son groupe. La personne qu'on considère sans honneur perd toute crédibilité auprès des siens ; il ne lui resterait qu'à changer de groupe et à recommencer sa vie ailleurs. L'histoire du *Amahbul* rapportée par Bourdieu pour illustrer ses propos peut encore aujourd'hui illustrer l'actualité d'aujourd'hui :

« N... *avait toujours mangé à sa faim, il avait fait travailler les autres pour lui, il avait bénéficié, comme par un droit de seigneur, de tout ce que les autres avaient de meilleur dans leurs champs et dans leurs maisons ; bien que sa situation* eût beaucoup décliné, il se croyait tout permis, il se sentait le droit de tout exiger, de s'attribuer seul la parole, d'insulter et même de battre ceux qui lui résistaient, Sans doute est-ce pour cela qu'on le tenait pour un amahbul. Amahbul, c'est l'individu éhonté et effronté qui outrepasse les limites de la bienséance garante des bonnes relations, c'est celui qui abuse d'un pouvoir arbitraire et commet des actes contraires à ce qu'enseigne l'art de vivre. Ces imahbal (pluriel de amahbul), on les fuit parce qu'on n'aime pas avoir une contestation avec eux, parce qu'ils sont à l'abri de la honte, parce que celui qui s'affronterait à eux serait en tous les cas la victime, même s'il se trouvait avoir raison.

Notre homme avait dans son jardin un mur à reconstruire. Son voisin avait un mur de soutènement. Il jette ce mur à bas et transporte chez lui la pierre. Cet acte arbitraire ne s'exerçait pas, cette fois, contre un plus faible, la "victime" avait les moyens, et largement, de se défendre. C'était un homme jeune, fort, comptant beaucoup de frères et de parents, appartenant à une famille nombreuse et puissante. Il était donc évident que s'il ne relevait pas le défi, ce n'était pas par crainte. Par suite, l'opinion publique ne pouvait voir dans cet acte abusif un véritable défi, portant atteinte à l'honneur. Tout au contraire, l'opinion et la victime ont affecté de l'ignorer : en effet, il est absurde de tomber dans une querelle avec un amahbul; ne dit-on pas; « Amahbul, fuis-le » ?

Toutefois, la victime s'en fut trouver le frère du coupable> Celui-ci donnait raison au plaignant mais s'interrogeait sur les moyens de faire entendre raison à l'Amahbul. Il fit comprendre à son interlocuteur qu'il avait eu tort de ne pas réagir avec la même violence sur-le-champ, ajoutant ; « Pour qui se prend-il, ce vaurien ? » Alors, le visiteur, changeant brusquement d'attitude s'indigna ; « Oh ! Si

M., pour qui me prends-tu ? Crois-tu que j'accepterais d'avoir une discussion avec Si N., pour quelques pierres ? Je suis venu te voir, toi, parce que je sais que tu es sage et qu'avec je puis parler, que tu me comprendras, je ne suis pas venu demander qu'on me paie les pierres (et là, il multiplia les serments par tous les saints assurant qu'il n'accepterait jamais de dédommagement). Car ce que Si N. a fait, il faut être Amahbul pour le faire et moi, je ne vais pas me jeter moi-même dans la honte (adhbahdhlaghruhiw) avec un Amahbul. Je fais remarquer seulement que ce n'est pas avec de tels procédés que l'on bâtit une maison licite, juste (akhamnasah) »> Et il ajouta, tout à la fin de la conversation : « Que celui qui compte un Amahbul de son côté l'entame lui-même avant que les autres ne le fassent » ; autrement dit : « tu as tort de ne pas te solidariser avec ton frère devant moi, quitte à t'en prendre à lui et à le corriger en mon absence, ce que je te demande d'ailleurs » (Aghlaba). Pour comprendre toute la subtilité de ce débat, il faut savoir qu'il opposait un homme parfaitement maitre de la dialectique du défi et de la riposte à un homme autre qui, pour avoir vécu longtemps hors de la Kabylie, avaient oublié l'esprit de la tradition : ne voyant dans l'incident qu'un simple larcin commis par un frère qu'il pouvait désavouer au nom de la justice et du bon sens, sans que les règles de la solidarité familiale puissent s'en trouver violées, il raisonnait en terme d'intérêt: le mur vaut tant, cette personne doit être dédommagée. Et son interlocuteur restait étonne qu'un homme si instruit ait pu se méprendre à ce point sur ses véritables intentions ».

Nous voyons bien quelle place occupe l'honneur au sein de la société kabyle en particulier et algérienne en général. Un individu est dépourvu de toute crédibilité sans son honneur. Quand on le qualifie d'*Amahbul* (fou ou charlatan) on l'évite et on évite même de rentrer en conflit avec lui sous peine d'être déshonoré et rabaissé. Quand un individu est qualifié de *Yir Argaz* (homme mauvais) on lui retire sa confiance et on ne fait plus de transaction avec lui. Dans les deux cas l'individu subit une sorte de disqualification sociale. Force est de constater que ces paradigmes sont encore d'actualité sur le plan social et politique. Bourdieu n'avait pas abordé le volet politique de la question mais il s'avère que dans le travail de la représentation, l'honneur occupe également un rôle central. Dans le système de représentation traditionnel kabyle, un homme sans capital d'honneur suffisant ne peut exercer un travail de représentation au sein de l'assemblée villageoise. Au contraire, comme l'État algérien a calqué le système français, cette configuration sociopolitique réside uniquement à l'échelle locale. À l'échelle des institutions de l'État, ce sont la corruption, le clientélisme et les rapports de pouvoir entre groupes qui configurent la politique de distribution des postes et des projets. L'indifférence de la population algérienne face au système Bouteflika est sans doute due à plusieurs facteurs, sécuritaires, économiques et politiques, mais la mobilisation du 22 février est survenue parce qu'on avait décidé au sommet de l'État de porter atteinte à l'honneur du peuple en désignant un demi-mort à sa propre succession.

Tout comme la victime dans l'histoire de Bourdieu qui ne voulait pas aller à connotation avec un *Amahbul,* le peuple s'est saisi de l'humour pour ne pas entrer en confrontation avec ces *Imehbal* et ces *Yir Irgazen,* sans doute pour ne pas perdre son honneur.

L'humour est très présent dans la vie de tous les jours en Algérie, notamment dans des situations délicates et de défiance. Pour ne pas rentrer en confrontation avec son interlocuteur on préfère passer par la voie de l'humour pour exprimer son mécontentement, notamment si cet interlocuteur est justement un *Amahbul* ou un *Yir Argaz*. Nous retrouvons cet humour dans la contestation des symboles du régime qu'on qualifie de *Yir Irgazen*, qui n'ont aucun respect ni scrupules et surtout aucune légitimité historique.

Pendant la marche nous avons vu plusieurs pancartes humoristiques comme celles que nous aurons l'habitude de voir tout au long de ces 35 vendredis de contestation et qui ont interpelé nombre de médias internationaux. Mais il y avait aussi d'autres registres de contestation symbolique, qui tendent à rattacher cette contestation à la guerre de libération de 1954, comme le sexagénaire couvert d'un drapeau datant de 1957 et qui nous dit qu'il est venu à dos d'âne depuis la Kabylie ou cet autre, habillé d'une tunique bleue symbole de l'Algérois, qui nous dit : *« Nous n'avions pas obtenu notre indépendance totale. Nous sommes encore sous la colonisation. La France a juste sous-traité la gouvernance à des pions, des vendus. Ils n'ont aucune légitimité. C'est le clan de Oujda qui nous gouverne encore, c'est l'armée des frontières ».* [9] Ce discours de manifestants rejoint celui du jeune vendeur des *mhajeb,* une galette très populaire à Alger, qui nous interpelait pour nous en vendre « même une seule ». Malheureusement nous venions juste de déjeuner mais nous en avons

___

[9] Paroles des manifestants lors du troisième vendredi de contestation

profité pour lui demander son avis :
« Bensalah était là avec Bouteflika, c'est son ami c'est un membre du clan de Oujda, d'ailleurs il est marocain, il n'est pas algérien, il n'est pas légitime. Qu'ils nous laissent gouverner notre pays nous-mêmes ! »

Plus loin un couple marche avec un âne sur le quel étaient accrochées des photos du premier ministre Bedoui, du président par intérim Bensalah et du général des corps de l'armée Gaïd Salah. L'âne est très présent dans les marches, le régime a même essayé d'y mettre fin en convoquant le propriétaire d'un âne à Bejaia en vue de sa comparution devant un juge en septembre 2019. Mais face à la grande mobilisation celui-ci a été acquitté. Il était déjà midi passé mais la foule semblait petite. Mes accompagnateurs m'ont dit : « attends que la prière se termine et tu verras ». Effectivement juste après la prière nous avons vu une foule immense descendre des hauteurs d'Alger vers la grande Poste c'était impressionnant. En quelques minutes il n'y avait plus d'espace vide tout autour de la grande poste et dans les boulevards adjacents.

Je me suis donc demandé d'où venaient tous ces manifestants. Je me suis intéressé au parcours de mes accompagnateurs et de tous ceux qu'ils connaissent. Et d'après leurs explications il semblerait qu'une grande partie venait d'Alger, de ses banlieues et des villes avoisinantes comme Blida, Tipaza, Boumerdes, Rouiba, Ain Taya, Dellys. J'ai voulu comprendre comment mes accompagnateurs qui viennent de Kabylie organisaient leurs voyages à Alger.

« Chaque vendredi c'est un petit peu la commémoration du 14 juin 2001. La veille nous nous organisons entre nous

pour que chacun ait une place. Nous prenons nos propres voitures ; on s'organise entre amis. Il n'y a pas d'organe qui organise ça comme en

2001. Il y a certains qui s'organisent pour prendre un minibus, comme lui par exemple », me dit-on en me montrant un élu FFS d'une commune de Kabylie qui brandit une longue banderole antisystème avec une petite foule qui l'entoure. J'ai demandé si les comités de village n'organisaient pas des voyages comme en 2001 et l'un de mes accompagnateurs, Ghiles, un jeune homme de 33 ans, m'a répondu : *« non aucun comité de village ne fait ça. En tout cas dans mon village le comité n'existe pratiquement pas mais même dans les autres villages où les comités sont très actifs dans leurs villages, ils n'ont pas voulu se mêler de ça. Les jeunes du village s'organisent entre eux, même s'ils sont tous membre du comité mais ils ne viennent pas ici avec l'étiquette du comité mais à titre individuel* » En 2001 les comités de villages avaient participé activement à travers la coordination citoyenne qui avait été mise en place pour parler au nom du mouvement de protestation qui se transforma en confrontation sanglante avec la gendarmerie en Kabylie et qui causa la mort de 123 personnes. Cette coordination était censée porter les revendications de cette région pour plus de démocratie et de considération pour l'identité amazighe. Elle connut une fin décevante après avoir été infiltrée par des éléments dits « *kabyles du service* » qui, nous dit-on, étaient sous les ordres du ministre de la justice de l'époque, Mohamed Ouyahia. La ligue a disparu et les comités de village ont lâché prise tout en continuant à commémorer l'anniversaire de ces évènements.

Les partis politiques qui traditionnellement défendent les revendications de cette région, le RCD et le FFS, sont accusés de complicité avec le système de Bouteflika. Beaucoup de jeunes du printemps 2001 ont répondu à l'appel du chanteur et militant kabyle Ferhat Mhenni de créer un autre mouvement dans la continuité de celui du Printemps Noir et qui revendique aujourd'hui l'autonomie puis à l'indépendance de la Kabylie. Le principal reproche que ce parti fait aux partis traditionnalistes c'est d'avoir collaboré avec le régime lors des évènements du Printemps Noir en 2001 et d'avoir encouragé la politique d'arabisation et d'islamisation de la Kabylie. Ce sont là les reproches officiels mais officieusement j'ai pu obtenir de l'un des cadres et membres fondateurs de ce mouvement la raison réelle, qui serait la mainmise du réseau des zaouïas, qu'ils appellent le réseau des marabouts, sur l'administration et surtout les partis traditionnels kabyles RCD et FFS. D'ailleurs ce parti a vécu une période de troubles à cause, nous dit-on, de l'infiltration de certains éléments du réseau maraboutique

thiroufdha (pour reprendre le terme utilisé au sein du mouvement depuis quelques années). Ces éléments auraient été neutralisés nous dit-on.

Si La Kabylie ne participe pas massivement au Hirak, c'est en raison de deux éléments importants en lien avec les événements du Printemps Noir de 2001. Le premier est le désengagement du MAK et le deuxième est le fait que les comités restent loin de cette contestation et attentifs en tant qu'autorité locale bien que leurs membres soient en majorité très actifs sur le terrain de la contestation. Mais aucun appel n'a été fait au nom d'un comité de village pour se mobiliser. Les rares appels de comité jusqu'à nos jours ont été lancés pour des rassemblements de soutien à des prisonniers originaires du même village. Ces rassemblements se font dans le village ou le centre-ville le plus proche. On voit donc bien que la division des forces et des centres d'intérêt en Kabylie concorde justement avec l'existence de plusieurs réseaux d'influence et de l'autorité locale. Historiquement les comités de village ne se sont jamais mêlés de ce que se passait en dehors des frontières de la Kabylie. Les rares fois où les villages se sont mobilisés contre un ennemi extérieur en dehors de la Kabylie furent au temps des Ottomans entre les XVe et XIXe siècles et au débarquement de l'Armée française à Sidi Fredj en 1830.

Dans le cas du Hirak, sans doute les comités ne voient-ils pas un danger réel qui nécessiterait de mettre en place une ligue. Ils laissent donc les villageois libres de s'engager ou pas à titre individuel dans la contestation du système, l'intérêt et la souveraineté du village étant au-dessus de toute chose.

Il reste donc le réseau du FFS et du RCD très actifs lors de ce Hirak. En réponse à cette activité des militants et anciens Militants de ces deux partis en Kabylie, le général Gaïd Salah qui mit les instances de l'État sous sa tutelle a décrété en septembre 2019 que tout bus ou véhicule transportant des personnes allant vers Alger le vendredi serait sévèrement puni, mais cette mesure n'a été appliquée que sur un nombre limité de véhicules.

Conclusion

Bien que dans une tentative politique désespérée le régime tente de minimiser l'ampleur historique de cette mobilisation du peuple algérien, tous les indicateurs sociopolitiques montrent au contraire qu'anthropologiquement et sociologiquement parlant des répertoires de contestation et de défiance sont présents dans ces mobilisations : la question de l'honneur et de l'humour pour le préserver. Quand on défie un ennemi en manque d'intelligence ou de légitimité, on utilise l'humour pour ne pas lui ressembler.

Nous avons vu que cette mobilisation n'est pas si spontanée. Les acteurs, ou plutôt les réseaux d'influence comme le réseau traditionnel des zaouïas de

Kabylie, ont déjà organisé une révolte contre ce même régime en 1955. Ce réseau s'est depuis lors adapté à la situation politique et a même collaboré au système de Bouteflika, mais depuis la chute de celui-ci il tente de s'imposer à l'échelle nationale, quitte à mener une politique de défiance contre le régime comme en 1955. La différence est que cette fois-ci la mobilisation est nationale et pas seulement régionale. Ce réseau a pu s'étendre dans toutes l'Algérie et surtout répandre ses idées et ses convictions démocratiques travers la personne de Dda Lhocine.[10]Sa base kabyle est justement le point d'attaque du régime contre ce réseau, d'où un emploi élargi du mot *zewwaf* à l'ensemble du réseau alors qu'il ne désignait jusque-là que les partisans du MAK. Le régime tente de le réduire à sa

---

[10] Fondateur du FFS et petit-fils du saint Cheikh Mohand Oulhocine, l'une des figures emblématiques de la Rahmaniyya

dimension régionaliste kabyle afin de déclencher la traditionnelle accusation utilisée par le régime en 1955 et des années durant, il s'agit bien évidement de l'accusation de séparatisme et de tentative d'atteinte à l'intégrité nationale. Cet argument a été utilisé en 1955 pour casser le mouvement de révolte armée en Kabylie[11] et en 2001 contre la révolte du Printemps Noir kabyle[12]. Or la mobilisation est cette fois nationale et le régime ne parvient donc pas à utiliser ce levier. On tente donc d'attaquer les Kabyles en tant que communauté, puis les chrétiens de Kabylie et on encourage des influenceurs propagandistes comme Naima Salhi, Ahmed ben Naaman, Oussama Wahid, Nouredine Khettal.

Bien que le mouvement soit devenu national, en Kabylie l'ambiance n'est

---

[11] Ferhat Abbas op. cit. p. 3
[12] Tilleli, Emma. « Le Mouvement citoyen de Kabylie », *Pouvoirs*, vol. 106, no. 3, 2003, pp. 149-162.

pas à l'union entre les différents réseaux d'influence.

Le MAK se démarque fortement du réseau traditionnel des zaouïas incarné par les deux principaux partis, RCD et FFS. Quant aux comités de villages, ils continuent à incarner l'autorité locale, loin de l'exercice de la politique, et ils ne se mêlent pas des affaires extérieures à leurs frontières villageoises (sauf en cas d'agression extérieure). Ces différents acteurs à la fois locaux et nationaux vont-ils s'allier malgré leurs divergences idéologiques au nom de leur ennemi commun, le régime ? Une chose est sûre, la dernière alliance du réseau traditionnel des zaouïas avec le réseau d'influence de l'islam réformiste algérien, notamment le FIS et le mouvement Rachad, a donné une grande force sur le plan national. Reste pour ce réseau à reconquérir la Kabylie et sa fameuse autorité locale kabyle incarnée par le comité de village d'un côté et le mouvement pour l'indépendance de la Kabylie d'autre part. Les initiatives semblent être lancées puisque BRTV, l'organe médiatique du réseau traditionnel des zaouïas kabyles, invite de plus en plus souvent des membres du MAK à débattre avec des figures du RCD et du FFS. On assiste donc au même schéma d'évolution qu'avec l'alliance établie avec le mouvement Rachad. Les figures emblématiques du réseau kabyle ont été plusieurs fois invitées par la chaine Al Magharibia appartenant au mouvement Rachad avant d'établir l'alliance et tracer une ligne de conduite commune. Il n'est donc pas impossible de voir le chef de file du mouvement MAK appeler ses partisans à rejoindre le Hirak, bien que les deux parties encourent beaucoup de risques si jamais cette alliance était rendue publique. Cela pourrait impacter la dimension nationale de ce mouvement et réduire le terrain de contestation à la Kabylie.

Or, cette mobilisation est l'une des rares qui ait drainé les foules de toute l'Algérie et pas seulement d'une région parmi d'autres ou d'une classe sociale particulière. Les deux seules fois où le peuple s'est mobilisé massivement et dans toutes les régions du pays sont 1962 et 2019. En 1962 c'était pour célébrer l'indépendance qu'on croyait avoir arrachée à la France et en 2019 c'est pour réclamer cette indépendance qu'on n'a finalement pas complètement gagnée en 1962. Comme on a pu le lire sur certaines pancartes « *en 62 on a libéré le pays militairement en 2019 on va libérer le pays politiquement et économiquement* ». Cette idée d'une indépendance inachevée est récurrente dans le répertoire du Hirak. Même en

1954 lors de la déclaration de la révolution armée le pays n'a pas connu une telle mobilisation. D'une part, une grande partie de la population était mal informée et, d'autre part, l'association algérienne des oulémas musulmans était contre la révolution armée et appelait la population à ne pas céder à l'appel des maquisards. Comparé à cette période-là et à 1962, la mobilisation du 22 février est sans précédent.

Hormis quelques partisans politiques et militants qui mobilisent une petite foule autour d'eux et se rendent ensemble à Alger, nous n'avons pas vu de véritable encadrement de ce mouvement. C'est ce qui en fait la force jusque-là. Sans leader d'opposition, le régime n'a pas trouvé quelle tête couper ou corrompre. Mais toute cette foule survivra-t-elle aussi longtemps ? Ne finira-t-elle pas par se décomposer comme le régime semble l'espérer ? Cette inventivité dans le répertoire de contestation durera-il encore longtemps ? Le parti qui se revendique du panarabisme soutenu par des figures comme Naima Salhi qui soutient le général Gaïd Salah ne va-t-il pas se renforcer avec les élections qui se rapprochent ? Cette mobilisation n'a pas fini de dévoiler le dessous des cartes des vrais centres du pouvoir et d'autorité en Algérie.

Bibliographie

Abou-Yaala Zouaoui Saïd ben Mohammed Cherif, 2007 [1918 ?], *Tarikh Zouaoua* [=Histoire des Zouaoua], Alger, ministère de la Culture.

Addi Lahouari, « Les partis politiques en Algérie », *Revue des mondes musulmans et de la Méditerranée,* vol. 111-112, mars, 139-162, 2006

Abrous, Dahbia, « Kabylie : Anthropologie sociale », *in* S. Chaker, (dir), *Encyclopédie berbère*, vol. 26 : *Judaïsme-Kabylie*, Aix-en-Provence, 2004

Abrous Dahbia, Claudot-Hawad Hélène, « *Djemâa-Ttajmaat, Ameney* », *in* S. Chaker, (dir), *Encyclopédie berbère*, vol. 16: *Djalut-Dougga*, Aix-en-Provence, 1995

Aït-Ahmed Hocine, *Mémoires d'un combattant. L'esprit d'indépendance 1942-1952*, Alger, Bouchène, 1990

Anaris Mohand, *Stratégies matrimoniales et logiques lignagères : cas du groupe religieux « Ihnouchène » (Azzefoun) 1990-2007*, thèse de doctorat, Tizi-Ouzou, Université Mouloud Mammeri, 2009

Belfaked Fariza, *La sainteté en Kabylie à l'épreuve de la modernisation. Cas de la communauté villageoise des At Bouyahia, wilaya de Tizi-Ouzou*, mémoire de magister sous la direction d'Azzedine Kinzi, Tizi-Ouzou, Université Mouloud Mammeri, 2011

Belhimer Ouidir, *Approche anthropologique de l'engagement militant des acteurs du printemps berbère de 1980*, mémoire de magister sous la direction de Mohamed Brahim Salhi, Tizi-Ouzou, Université Mouloud Mammeri, 2011

Boulifa Ammar Ben Saïd Ben Ammar, *Le Djurdjura à travers l'histoire (depuis l'Antiquité jusqu'à 1830) ; Organisation et indépendance des Zouaoua (Grande-Kabylie)*, Alger, J. Bringau, 1925

Boukhobza M'hammed, *Octobre 88 : évolution ou rupture ?*, Alger, Bouchène, 1991

Bessah Titem, « Jeunesse, tajmaat et association en Kabylie aujourd'hui : cas d'Ath Ijer », *Insaniyat*, n° 65-66, 281-299, 2014,

Chachoua Kamel, *L'Islam kabyle (XVIIIe-XXe siècles). Religion, État et société en*

Algérie. Autour de la Rissala (2pitre), « *Les plus clairs arguments qui nécessitent la réforme des zawaya kabyles* », *d'Ibnou Zakri (1853-1914),*

clerc officiel dans l'Algérie coloniale, Paris, Maisonneuve & Larose, 2001

DAUMAS M. (colonel), FABAR M. (capitaine), *La Grande-Kabylie. Études historiques,* Paris-Alger, Hachette et Cie, 1847

GAÏD Mouloud, *L'Algérie sous les Turcs,* Alger, Maison tunisienne de l'édition, 1975

GAÏD Mouloud, *Aguellids et Romains en Berbérie,* Alger, OPU-ENAL, 1985

GAÏD Mouloud, *Les Berbères dans l'histoire,* 7 vol., Alger, Mimoun, 1990

GAÏD Mouloud, *Les Beni Yala,* Alger, OPU, 1990

GAÏD Mouloud, *Mokrani,* Alger, Mimouni, 2009

GENEVOIX Henri, *La légende d'un saint : Cheikh Mohand ou Lhocine,* Fort-National, FDB, 1967

GENEVOIX Henri, *Un pèlerinage à la tombe de Cheikh Mohand ou Lhossine. Contribution à l'étude du sentiment religieux*, Fort-National, FDB, 1968

GENEVOIX Henri, *At Yanni, éléments historiques et folkloriques pour servir à l'étude d'un secteur de Kabylie*, Fort-National, FDB, 1971

GUENOUN Ali, *Une conflictualité interne au nationalisme radical algérien : « la question berbère-kabyle » de la crise de 1949 à la lutte pour le pouvoir en 1962*, thèse de doctorat en histoire, Paris, Paris 1 Panthéon-Sorbonne, 2015

HARBI Mohammed, « préface », *in* R. de Rochebrune, B. Stora (dir.), *La guerre d'Algérie vue par les Algériens*, tome 1 : *Des origines à la bataille d'Alger*, Paris Denoël, 2011

HOCINE EL HADJ-SALHI Mezhoura, *L'état civil dans la Kabylie du Djurdjura (1891-1962)*, thèse de doctorat, Alger, Institut d'histoire, Université d'Alger 2, 2015

HONNETH Axel, *La lutte pour la reconnaissance*, Paris, Gallimard, 2013

LACOSTE-DUJARDIN Camille, « Géographie culturelle et géopolitique en Kabylie : la révolte de la jeunesse kabyle pour une Algérie démocratique », *Hérodote*, n° 103, 57-91, 2001

MAHE Alain, *Histoire de la Grande Kabylie XIX [e] et XX [e] Siècles. Anthropologie historique du lien social dans les communautés villageoises*, Paris, Bouchène, 2001

MEHENNI Ferhat, *Kabylie : Mémorandum pour l'indépendance de la Kabylie*, Paris, Fauves, 2017

IDIR Zahoua, *Une communauté villageoise de montagne à l'épreuve des mutations globales : cas de Tinbdar (At Waghlis, Béjaïa)*, mémoire de magister, Béjaïa, Université Mira, 2011

KHERKHOUR Taous, *Une institution religieuse à l'épreuve des transformations de la société locale : zaouïa de Sidi Mansour (Timizart, Kabylie)*, thèse de doctorat, Tizi-Ouzou, Université Mouloud Mammeri, 2010

KINZI Azzedine, *Tajmaat du village des At Yemmel : étude des structures et des fonctions*, mémoire de magister, Tizi-

Ouzou, Université Mouloud Mammeri, 1998

MAMMERI Mouloud, *Les Isefra de Si Mohand ou M'hand*, Paris, Maspero, 1969

MAMMERI Mouloud, *Poèmes kabyles anciens*, Paris, Maspero, 1980

PELLISSIER DE REYNAUD E, *Annales algériennes*, t.1, Paris, Librairie militaire, 1854

RAHMANI Slimane, *Coutumes kabyles du Cap-Aokas : la grossesse, la naissance et la vie de l'enfant jusqu'à la circoncision*, Alger, Société historique algérienne, 1939

RAHMANI Slimane, « Le mois de mai chez les Kabyles », *Revue Africaine*, n° 76, 361-366, 1935

RAHMANI Slimane, « Le tir à la cible et le nif en Kabylie » *Revue Africaine*, n° 93, 126-132, 1949

RINN Louis, *Histoire de l'insurrection de 1871 en Algérie*. Alger, Adolphe Jourdan, 1891

ROBIN Joseph Nil, *L'insurrection de la Grande Kabylie en 1871*, Paris, H. Charles Lavauzelle, 1901

Saidani Azouaou, Yedou Azouaou, *Portrait sociologique de Ferhat Mehenni : militant de la cause amazighe*, mémoire de licence en Langue et Culture Amazighe, Tizi-Ouzou, Université de Tizi-Ouzou, 2012

Sahari Samia, *Étude des pratiques et des conduites religieuses chez les convertis au christianisme en Kabylie,* magister, Tizi-Ouzou, Université Mouloud Mammeri, 2012

Salhi Mohamed Brahim, *Une confrérie religieuse algérienne à la fin du XIXe siècle et dans la première moitié du XXe siècle,* thèse de 3e cycle, Paris, EHESS, 1979

Salhi Mohamed Brahim, *Société et religion en Kabylie : 1850-2000,* thèse de doctorat d'État *es.* Lettres et sciences humaines, Paris, Paris III Sorbonne Nouvelle, 2004

Salhi Mohamed Brahim, « Modernisation et retraditionalisation à travers les champs associatif et politique : le cas de la Kabylie », *Insaniyat,* n° 8, 21-42, 1999

Salhi Mohamed Brahim, « Le local en contestation. Citoyenneté en

construction : le cas de la Kabylie »,
Insaniyat, n° 16, 55-97, 2002

SALHI Mohamed Brahim, *Engagement et mobilisation des jeunes dans les associations*, Programme concerté pluri-acteurs Algérie « JASSOUR», [En ligne : www.pcpalgerie.org], 2010

SAOUDI Yasmina, *Le système administratif et colonial dans la commune mixte de Maillot (1882-1954)*, thèse de doctorat, Alger, Institut d'histoire, Université d'Alger 2, 2017

SIDOUS Ouahiba, *Stratégies matrimoniales et tactiques endogamiques à l'épreuve des mutations sociales : cas d'une communauté villageoise de la région de Béjaïa (Sillal) de 1960 à 2008*, mémoire de magister, Béjaïa, Université Mira, 2010

SILHADI Karima, *Lien social et religieux à l'épreuve du changement : cas de Tawrirt Menguelet dans le Djurdjura*, mémoire de magister, Tizi-Ouzou, Université Mouloud Mammeri, 2012

Takhroubt Slimane, *Attitudes des jeunes Kabyles à l'égard du religieux : cas du village Tiouidiuoune d'Ath Jennad en Grande Kabylie*, magister, ville Tizi-Ouzou, université Mouloud Mammeri, 2012